DE
PARIS A MEAUX

EN PASSANT

PAR VENISE, VIENNE, PESTH, LA ROUMANIE

CONSTANTINOPLE, ATHÈNES

ET LE PLUS POSSIBLE

PAR L'ITALIE

LETTRES ADRESSÉES, CHEMIN FAISANT,

A M. le Docteur Amédée LATOUR

Rédacteur en chef de l'Union Médicale

PAR SON AMI

LE DR RICORD

PARIS

TYPOGRAPHIE FÉLIX MALTESTE ET Cie

Rue des Deux-Portes-Saint-Sauveur, 22

—

1873

DE

PARIS A MEAUX

DE

PARIS A MEAUX

EN PASSANT

PAR VENISE, VIENNE, PESTH, LA ROUMANIE

CONSTANTINOPLE, ATHÈNES

ET LE PLUS POSSIBLE

PAR L'ITALIE

———

LETTRES ADRESSÉES, CHEMIN FAISANT,

A M. le Docteur Amédée LATOUR

Rédacteur en chef de l'Union Médicale

PAR SON AMI

LE DR RICORD

———

PARIS

TYPOGRAPHIE FÉLIX MALTESTE ET Ce

Rue des Deux-Portes-Saint-Sauveur, 22

—

1873

Extrait de L'UNION MÉDICALE (Troisième série)

Novembre et Décembre 1872

Les lettres qu'on va lire, et qui m'ont été adressées par mon illustre et excellent ami M. Ricord, n'étaient pas destinées à la publicité. Écrites au courant de la plume, presque toujours en wagon ou sur quelque table d'hôtel, elles n'affectent aucune prétention littéraire; ce sont de simples notes, des impressions instantanées et rapides adressées à un ami, et que cet ami reconnaissant, mais indiscret comme tous les journalistes, croit dignes d'être communiquées à ses lecteurs. Aussi, cet indiscret ami a-t-il voulu conserver à ces lettres le caractère de spontanéité, de ce que les Anglais appellent *humour*, et que nous appelons, nous, de la bonne humeur gauloise. L'auteur voulait les retoucher, les modifier, y ajouter; gardez-vous-en bien! lui ai-je dit. De sorte que la responsabilité de cette publication, que M. Ricord n'a acceptée qu'avec hésitation, doit retomber sur moi seul, et je l'accepte.

Amédée LATOUR.

Première Lettre

———

Mon cher ami,

Vous m'avez demandé ce que nous étio. s devenus, Demarquay et moi, pendant notre absence, dont quelques amis ont bien voulu s'apercevoir. Je vais vous le dire, si vous, qui écrivez si bien, avez le temps de me lire.

Après pas mal de fatigues, dans les temps que vous savez, nous nous étions persuadés que nous avions droit à un peu de vacances. Alors, sans demander la permssion à personne, pas même à nos malades, nous avons quitté Paris le samedi 31 août 1872.

Nous arrivons à Belfort le dimanche matin. Un retard de trois heures nous permet de visiter les fortifications que les Prussiens remettent en état. Je vous laisse à savoir si c'est pour le roi de Prusse? Mais ce qui, à coup sûr, n'était pas pour lui, c'était le spectacle, aussi patriotique qu'émouvant, qui nous était donné par l'arrivée d'un train de Mulhouse, et qui était rempli de jeunes gens venant tirer au sort en France.

Nous arrivons à Bâle, ville protestante, par conséquent triste le dimanche. Demarquay veut me faire voir le tableau de la *Danse macabre* d'Holbein ; nous ne pouvons le trouver.

Nous allons coucher à Zurich. Visite du lac au clair de lune. Il ne doit pas y avoir un grand nombre d'ivrognes à Zurich, autrement le lac, sans parapets, en dégriserait beaucoup. Nous partons de Zurich à quatre heures du matin. Je me fâche un peu contre mon valet de chambre, Frédéric, qui est en retard. Demarquay me fait observer que les gens qui nous servent sont des mineurs dont il faut s'occuper.

Nous montons en wagon pour aller à Coire, avec deux voyageurs que je prends pour des Prussiens. Demarquay m'engage à ne rien dire. Je n'en suis pas moins agacé, jusqu'au moment où un choc du chemin de fer éveille ces messieurs qui se mettent à parler anglais. Je vais alors leur serrer une main sympathique, que je voudrais toujours voir donner entre la France et l'Angleterre.

Nous traversons la Suisse, en côtoyant le lac de Zurich et de Wallenstadt. Nous arrivons à Coire. Nous prenons la belle route du Splungen : montagnes gigantesques, cascades folles, torrents frénétiques, précipices vertigineux, sans garde-fous; rochers menaçants; j'en ai des crampes dans les mollets. Toujours des précipices : la *Via Mala :* route ou chemin du malheur. Pont effrayant au-dessus du plus affreux de tous les précipices: il tombera un jour. Un Anglais, en le traversant, y précipita sa compagne, dont il était peu satisfait. Demarquay ne dort pas; il est calme en présence de cet affreux drame; il semble être de l'avis de notre ami Dumas.

Nous allons coucher à Chiavenna, puis nous nous rendons à Colico. Jour de marché : beaucoup de cochons noirs; les femmes ne sont pas blondes. Nous côtoyons, en poste, le lac de Côme, le plus beau de la Lombardie. Que c'est beau, en effet, ce lac immense, ces villas, ces petits et grands châteaux, étagés sur le versant des collines, les uns au-dessus des autres, comme les branches de ces magnifiques lauriers roses en fleurs, si nombreux ici! Maintenant, Demarquay, qui dort souvent, m'empêche de dormir, pour me faire admirer la belle nature, dont il a le sentiment exquis; il est poëte. Ce sont, pour lui, de vieilles et intéressantes connaissances, qu'il revoit avec plaisir, et auxquelles il me fait l'honneur de me présenter.

Nous prenons le chemin de fer à Lecco. Nous traversons une grande partie de la Lombardie, et nous arrivons, le soir, à Venise.

Nous passons deux jours et demi à visiter cette ville, ses canaux, ses gondoles légères, ses palais assez mal entretenus et que le temps a bien voulu épargner; ils ont tous des noms qui rappellent un souvenir. J'ai cherché, sur celui de Loredan, s'il n'y avait pas les numéros 6 et 4 (1). Quelles églises! quels tableaux! les chefs-d'œuvre de l'école vénitienne. J'ai pleuré devant le tableau du Titien, de la *Présentation de la Vierge au temple*. Saint Marc! c'est à rendre dévot pour Dieu et pour l'art, qui est une de ses émanations. J'irais à la messe tous les dimanches, si j'habitais Venise. Puis la place Saint-Marc; les pigeons nourris par l'État; puis le palais des Doges avec toutes ses grandeurs, son histoire encore palpitante, ses mystères; le fameux pont des Soupirs; la prison où Marino Faliero est resté vingt-quatre heures, avant d'avoir la tête tranchée, et dans laquelle je suis entré, pour en sortir vivant, n'ayant trahi personne.

Dans l'intérieur de la ville, on peut souvent se toucher la main, par la fenêtre, avec le voisin. Mendiants à chaque pas; femmes déguenillées, mais ayant toutes un châle. Enfin, bien que le docteur Namias voulût nous donner une fête, la nuit, sur le canal, avec illuminations et musique, nous avons dû, l'œil sur la montre, comme à Paris, partir, pour ne pas être trop longtemps absents.

De Venise, nous allons à Vienne, traversant la route du Semering. Encore de belles montagnes, de belles vallées, de belles plaines. Demarquay est toujours le plus artistique, le plus prévoyant et le plus aimable compagnon de voyage. — Que vous dirais-je de Vienne? Mon frère, Alexandre Ricord, pourrait vous en dire davantage!

C'est une belle ville, avec de belles femmes; ville animée, qui rappelle Paris par son mouvement. Elle s'embellit chaque jour, et s'est

(1) Voyez *Haydée*, opéra-comique d'Auber.

agrandie par la destruction de ses fortifications. Nous visitons le Bel-
Veder, où nous admirons les tableaux de l'école flamande ; puis les
églises, Schœnbrunn et les constructions gigantesques que l'on fait pour
l'Exposition.

Nous allons voir aussi le Grand-Hôpital. Les chefs sont absents, mais
les élèves nous font un accueil sympathique. Nous sommes très-satis-
faits du Musée d'anatomie pathologique, et nous regrettons de ne pas
voir Rokitanski, Pitha, Billroth, Domercker, Sigmund, Brera, etc., etc.

Cela ne nous a pas empêchés d'aller, le soir, au Grand-Théâtre, vraiment très-beau : la salle est magnifique. On a dans les loges, quand il
fait trop chaud, la facilité de se faire donner de l'air frais. J'espère
que notre nouvel Opéra, si habilement fait, nous offrira le même agré-
ment.

J'avais eu la bonne ou la mauvaise chance, c'est selon les goûts,
d'assister, à Paris, à la première représentation de l'opéra de Wagner
(*le Tannhauser*). Je me rappelle encore les applaudissements enthou-
siastes de la spirituelle et gracieuse princesse de Metternich. Eh bien !
en entendant, pour la seconde fois, le même ouvrage chanté par des
artistes de grand talent, j'ai regretté, malgré l'air frais dont on nous
avait gratifiés dans notre loge, les airs charmants et mélodieux de nos
compositeurs français.

Fatigués, nous sommes sortis avant la fin de cette musique savante,
trop savante peut-être, et qu'on dit (en Allemagne) devoir être celle
de l'avenir.

Qu'il me soit permis d'espérer pour notre belle patrie des accords
plus parfaits et un meilleur avenir.

J'ai été très-occupé, pour des raisons particulières, à trouver un
pharmacien, mais, chose qui aurait fait grincer les dents de Dominique
Calvo, mon cher neveu, impossible d'avoir une bouteille d'eau de Pullna
ou de Birmenstorff; les pilules écossaises, inconnues, et, ce qu'il y a de
plus fort, celles de Frank !

Allons vite : nous voilà à Pesth. Les Hongrois du peuple ont des bottes, et les femmes pas de souliers. Nous passons un jour dans cette belle ville et celle de Bude, dont elle est séparée par le Danube.

Nous visitons l'île Marguerite, où se trouvent des thermes sulfureux qui me paraissent avoir un grand avenir. Nous sommes frappés de la beauté de la race humaine et chevaline.

A l'hôpital, les médecins veulent nous retenir.

Départ pour Basias. sur le Danube, où nous devons prendre le bateau qui doit nous mener à Roustouch. Notre arrivée sur ce bateau est une fête. Nous y trouvons toute une société moldo-valaque sympathique à la France et le spirituel journaliste-poète Albert Millaud. Déjeuner charmant préparé à notre intention.

Nous descendons le Danube dont le parcours est admirable. Nous passons les Portes de fer et nous arrivons à Roustouch. Nous manquons le chemin de fer qui doit nous mener à Varna, à travers une partie de la Turquie. Visite à Roustouch, ville turque fortifiée, d'un aspect triste et malheureux. Nous y trouvons cependant une pharmacie française, un magasin de modes et un bureau télégraphique où on parle français comme à Paris. Nous passons une mauvaise nuit. Sommeil impossible. Nous livrons un combat, à forces inégales, à des puces folles d'amour et à des moustiques insatiables: nous sommes vaincus.

Départ pour Varna. Aspect triste des plaines de la Turquie. Culture arriérée. Arrivée à Varna. Nous prenons le bateau et nous traversons la mer Noire, cette fois hospitalière. Nuit superbe; mer calme; lune splendide. Au soleil levant, nous entrons dans le Bosphore.

A bientôt. RICORD.

Deuxième Lettre

Mon cher ami,

Je vous ai laissé, au lever du soleil, à l'entrée du Bosphore; je glisse sur l'onde qui glisse sous nous, comme disait mon ami Jules Janin, pour passer devant Therapia et pour arriver à Constantinople, sans nous arrêter au fort, d'où est partie la conspiration qui devait renverser le frère de Mahmoud, sans intervention de médecins ni d'avocats.

Que vous dire de Constantinople? Un rêve des *Mille et une Nuits*; mieux que cela, deux rêves: le Bosphore, la Corne-d'Or.

Mon ami, l'amiral de La Roncière Le Nourri, avait raison de me dire: Regardez, mais n'entrez pas. Quelles rues! des échelles. Quels pavés! des cailloux irréguliers et pointus qui vous traversent les pieds, de vrais tessons de bouteille. Nous avons été obligés, du quai de Péra, de gagner l'hôtel Britannique à cheval.

En voilà une de population! bigarrée, mélangée d'hommes de toutes les nations, de femmes plus laides les unes que les autres, au visage couvert, aux pieds affreux, mal chaussés; d'ânes, de chevaux et surtout de chiens impossibles! Le luxe oriental des rues, c'est l'idéal des guenilles. On ne sait plus si les gens sont vêtus, et de quoi ils sont vêtus. Tous vendent quelque chose, n'importe quoi; le reste se repose, prend du café ou fume; il ne manque aux chiens, qui dorment paisiblement dans les rues, que d'avoir un chibouque ou un narguilhé à la gueule. Ah! les chiens: ils ne deviennent jamais enragés, dit-on; mais que mon frère se garde bien de venir à Constantinople, car c'est lui qui le deviendrait.

A des lits affreux, dont le sommier est une planche et le matelas quelque chose de moins bien, il faut ajouter des aboiements sans fin, dus aux combats que les chiens de différents quartiers se livrent entre eux. Que j'ai donc regretté la douce voix du chien de notre voisin de Bel-Air !

A part ces petites misères, Constantinople a de bien belles choses : ses mosquées, Sainte-Sophie, chef-d'œuvre de l'art, et dans laquelle on retrouve, malgré Mahomet, le Dieu des chrétiens, qu'il ne parviendra jamais à chasser; la mosquée de Soliman, dont j'aime à vous parler, et où l'on voit, à côté de son tombeau, celui de Roxelane, maîtresse femme, comme il nous en reste beaucoup en France, et celui de Bajazet, souvenir racinien.

Pour aller à Stamboul, il faut traverser le pont de Galata, qui n'est certes pas un *pont neuf*. Quel dommage! mon cher ami, de n'être que médecin, et de ne pas avoir le crayon de Charlet, car, malgré tout ce qu'on a dit et redit de ce pont cosmopolite, je vous aurais croqué quelques figures qui, au point de vue des races humaines et grotesques, n'auraient pas manqué d'originalité!

Maintenant, c'est le tour du Bazar, capharnaüm immense : les juifs des temps bibliques, la tour de Babel, tout ce que vous pourriez imaginer d'ahurissant. On y fait toutes sortes de choses, on y vend tout ce que vous voudrez : le portrait de votre grand-père, si vous l'aviez perdu. Il faudrait y rester trois jours au moins pour dépenser beaucoup d'argent, c'est-à-dire pour être beaucoup. . . . .

Nous allons visiter l'ancienne Porte. A Constantinople, il n'y en a ordinairement qu'une, que vous savez. C'est dans l'ancienne que se trouve le Trésor, et le nom est vrai. Nous y avons vu un magnifique vase de Sèvres, dernier cadeau. . . . .

Là aussi existe un ancien harem démodé, avec des sultanes sans sultan. Malgré cela, il y a des eunuques noirs à la porte, qui ne s'occupent pas de politique, comme le font beaucoup des nôtres.

Nous avons parcouru le chemin des Sept-Tours, où sont, d'un côté les ruines gigantesques des remparts de Byzance, et de l'autre le champ des morts vainqueurs; ruines plus épouvantables que celles qui leur font face, cataclysme humain, où il ne manque plus que la trompette du jugement dernier.

Les inhumations turques et les cimetières sont encore à étudier. Nous avons engagé un de nos confrères à s'occuper de ce travail, qui ne sera pas sans intérêt.

Quant aux réceptions, elles ont été aimables, gracieuses. Nous avons été reçus d'abord par nos confrères qui ont acclamé la France, et dans les mains desquels j'ai trouvé le journal l'UNION MÉDICALE (la France est partout!).

Nous sommes allés ensuite chez l'ambassadrice de France. L'ambassadeur était absent; M. Leroux, premier secrétaire, nous a introduits avec la plus gracieuse amabilité et nous a fait les honneurs de Constantinople.

Nous sommes allés également à Therapia, chez Djemil-Pacha, qui partait pour Odessa; puis, traversant le Bosphore, chez Marco-Pacha, premier médecin du Sultan. Excellent confrère, bon et intelligent administrateur, il a créé l'hôpital de Scutari, et l'a embelli et assaini par un beau jardin dont Paris serait jaloux. Il est botaniste et horticulteur; je dois lui envoyer des griffes d'asperges d'Argenteuil. Vous devriez lui envoyer aussi de ces roses que vous cultivez avec tant d'art, et que votre magique plume, véritable fée aux roses, sait si bien faire éclore.

De chez Marco-Pacha, nous nous sommes rendus chez mon ami Mustapha-Fazil-Pacha; tout cela en caïque, barque légère, trop légère, et dans laquelle je n'étais pas tranquille en pensant à mes amis de Paris.

Dans une promenade des gens du beau monde, aux Eaux-Douces, sur la rive d'Asie, nous avons vu des sultanes des harems distingués ; quelques-unes jolies, mais toujours des pieds douteux, qui m'ont donné envie de vite revenir voir ceux de Paris. Nous avons, par conséquent, vu, du côté d'Asie, Scutari et l'hôpital militaire. De La Souda-Bey, mon ancien interne en pharmacie à l'hôpital du Midi, qui est actuellement pharmacien en chef de l'hôpital militaire, a été on ne peut plus charmant pour nous. Il nous a donné de l'essence de rose, dont nous avons toujours un si grand besoin pour certaine couche sociale.

Enfin, mardi soir, 17 septembre, nous avons dîné chez le sous-directeur de la Banque. A la fin du repas, pour que notre visite à Stamboul fût complète, il y a eu un petit incendie à l'île des Princes, où l'on va déjeuner dans les cafés chantants, comme à Paris.

On a trop parlé des derviches tourneurs et hurleurs, pour que j'élève la voix à leur sujet.

Le 18 septembre, nous partons pour Athènes ; si je ne vous ai pas trop ennuyé, veuillez encore me suivre dans mon voyage.

RICORD.

Troisième Lettre

Mon cher ami,

Voulez-vous encore un peu nous suivre? Prenez garde, cette fois, si vous avez le mal de mer et si vous n'êtes pas pourvu de l'emplâtre épigastrique de notre savant et aimé collègue, Guéneau de Mussy, contre cette affreuse névrose.

Nous nous embarquons sur le bateau à vapeur le *Tage*, capitaine Pointel, homme charmant. Le médecin du bord est un de nos anciens élèves. Nous avons pour compagnon de voyage, un ami, l'ambassadeur de Belgique à Constantinople, qui va faire le contraire de ce que nous venons de faire, en prenant ses vacances chez lui.

Nous allons voyager sur la mer de Marmara, gagner le détroit des Dardanelles, sans le moindre désir de le traverser à la nage, pour visiter Athènes. On nous montre, en passant, le tumulus d'Achille et celui de Patrocle. Ces citoyens ont dû exister, si les tombeaux sont vrais. Le capitaine veut me présenter un voyageur archéologue fanatique, qui fait pour l'ancienne Troie ce qu'on a fait pour Pompeï et Herculanum. Il se trouve que c'est une ancienne connaissance, comme le temps m'a permis d'en avoir beaucoup. C'est M. Henry Schliemann, *naturalisé Américain*, qui me dit en me les montrant du doigt:

Campos ubi Troja fuit.

Il sait le grec comme Homère, et mieux qu'Homère si, par hasard, ce n'était pas Homère qui eût écrit l'*Iliade*. Il a fait des fouilles admirables. Il a trouvé des débris merveilleux de cette poétique antiquité. Il m'a donné l'instrument pour faire le feu, qui a coûté si cher à notre ami Prométhée. Demarquay, qui relit l'*Iliade*, et qui croit me mettre en appétit en me rappelant la manière dont Achille faisait la cuisine, s'intéresse beaucoup au récit de notre charmant compagnon de voyage, qui va avec nous à Athènes.

Vous devez vous apercevoir que, jusqu'à présent, nous ne nous sommes pas beaucoup occupés de médecine; mais il est si doux de faire un peu, par moment, autre chose que son métier. Cela m'a rappelé un très-fort joueur de flûte de l'Opéra, qui avait pris son charmant instrument en horreur pour faire de mauvais tableaux. Nous n'en sommes pas là, nous ne dédaignons pas nos instruments, et Demarquay n'a pas l'intention de renoncer à son bistouri, qu'il manie si bien. Dans tous les cas, mon cher ami, vous conviendrez qu'il est bon parfois que les médecins sachent autre chose que leur profession, pour ne pas répondre, comme le fit un de mes maîtres, et des plus illustres, à quelqu'un qui l'engageait à se reposer : « Que voulez-vous que je fasse? que j'aille pêcher des goujons aux environs de Courbevoie? »

Mais notre pyroscaphe (c'est le cas de parler grec) continue à fendre l'onde. Au jour levant, nous arrivons à Athènes. Nous n'avions, par une grâce extrême de notre commandant, que quatre heures à dépenser pour nous rappeler le passé de la célèbre ville grecque, et pour faire l'autopsie de son splendide et artistique cadavre, l'Acropole.

Nous allons du Pirée à l'Acropole en calèche découverte, sans rencontrer le moindre brigand classique; il est vrai que j'avais un revolver, mais je l'avais soigneusement laissé dans mon sac de nuit, sur le bateau. C'est peut-être à cela que nous devons de n'avoir pas été attaqués.

N'allez pas croire, qu'après tant d'autres, je vais essayer de vous décrire les temples de la Victoire et de Thésée, les Cariatides et surtout le Parthénon. Il faudrait avoir, pour cela, le talent architectural de mon ami Garnier (du nouvel Opéra); mais, comme tous ceux qui ont passé par là, nous avons admiré ces ruines magistrales, qui nous ont fait battre le cœur, en songeant aux moins grandioses, mais plus chères ruines de notre malheureux et beau Paris. J'ai furtivement ramassé un fragment de tibia... en marbre, qui va me servir d'appuie-papier.

J'étais dans cet état d'enthousiasme pathétique et réfléchi, lorsque notre *cicerone* nous conduisit au temple de Jupiter Olympien, dont il ne reste que quelques audacieuses colonnes debout et une renversée et *déboulonnée*. Je lui demandai, sérieusement, si le citoyen Courbet avait passé par là? Il me répondit que c'était possible, ne connaissant pas les voyageurs par leur nom. Un peu plus loin, en voyant un trou au bas d'un monticule où avait été la prison de Socrate, je me demandais, à l'aspect de l'aridité des montagnes et des terrains qui nous entouraient, si, aujourd'hui, Socrate aurait trouvé assez de ciguë pour en finir avec la vie, et je concluais que les abeilles du mont Hymette devaient être bien industrieuses, pour faire assez de miel pour elles et pour les autres.

Nous descendons dans la nouvelle Athènes, Athènes libre! Quel contraste avec ce qui avait dû exister autrefois! Je traversais, en ôtant mon chapeau, une rue, au coin de laquelle il y avait ce nom : Ἑρμῆς (Mercure). Nom qui rappelle une domination.... théocratique et que, malgré cela, les conseillers municipaux de la ville n'ont pas osé remplacer, problablement, à cause des services rendus. Nous n'avons pu voir ni les institutions médicales, ni nos frères en Hippocrate. Nous nous sommes bien gardés de parler politique chemin faisant, et de sonder les sentiments de reconnaissance envers la France. Nous avons là une Crète qui peut être encore un peu hérissée contre nous.

Nous avons quitté Athènes, sans vous avoir dit, sans doute, tout ce que vous aviez le droit d'attendre de nous; mais, en voyage, on est distrait, oublieux, paresseux même, et on ne fait pas toujours tout ce que l'on devrait faire. Notre collègue Piorry aurait le droit de nous reprocher de n'avoir pas tout percuté, tout ausculté, et surtout de n'avoir pas rapporté quelques nouveaux mots grecs à son usage. Nous n'avons pas craint, toutefois, de prêter une oreille attentive, certains que nous étions de n'entendre sortir aucun mauvais bruit des poitrines amies que nous rencontrions.

Nous nous éloignons donc, sans arrière-pensée, de cette terre autrefois classique, pour aller à Messine.

Notre complaisant capitaine nous fait raser le cap Saint-Ange pour nous faire donner la bénédiction par l'ermite. Malheureusement, à ce moment, il fait nuit, et nous n'apercevons que la faible lumière de l'ermitage, qui ressemble à une petite étoile tombée du ciel.

Je faisais des réflexions philosophiques sur la vie solitaire, loin du monde, dans les temps où nous vivons, lorsqu'on me signale l'île de Cythère (Cérigo). Il s'opère en moi un changement, et un petit naufrage, sur ses bords, ne m'aurait pas déplu, tout cela se passant pendant la nuit.

Nous arrivions enfin à Messine avec le drapeau d'ambassadeur au grand mât, pas celui de la France, mais celui de notre ami de Belgique, qui diffère un peu du nôtre, comme vous le savez. Dans tous les cas, et pour le moment, du moins, nous avons peut-être été mieux reçus comme représentants scientifiques qu'autrement.

Vous allez encore attendre, sinon me demander, des renseignements précis sur Messine : Constitution médicale, état sanitaire, statistique des naissances, des mariages; pardon, j'aurais dû mettre mariages avant naissances; des décès, etc... Ah! bien oui! On a tant de peine à faire ces relevés d'une manière exacte, chez soi, que vous comprenez qu'il eût été téméraire de les faire, en passant vingt-quatre heures seulement dans cette jolie ville. Nous nous sommes tout bonnement promenés sur de beaux pavés, de belles dalles, qui ne nous ont pas fait regretter les pavés de Constantinople.

Ici encore, des églises respectées et des couvents transformés en casernes: ce sont, dans tous les cas, des soldats qui les habitent et qui protégeront les maisons de Dieu.

Nous allons faire une promenade à la montagne élevée, où était autrefois l'ancien télégraphe, auquel la télégraphie électrique a coupé les bras. Il fait une chaleur des forges de Vulcain, un peu distantes pourtant, et je m'arrête au pied du dernier mamelon, que mon courageux compagnon, Demarquay, franchissait comme il le faisait, autour de Paris, pendant le siége. Nous étions, là, accompagnés par les charmants petits-fils de notre savant et regretté collègue Trousseau, les jeunes Morisseau, que nous avions rencontrés à Constantinople; mais, pendant qu'ils gravissaient tous la montagne, dans un véritable bain de vapeur, moi, je prenais un doux repos sous une ombrelle et au milieu d'une nuée de variétés de sauterelles, dont j'aurais bien volontiers fait une collection, si j'avais eu suffisamment d'épingles et, surtout, un peu de chloroforme pour ne pas les faire souffrir. A mon retour à Paris, ces charmants insectes m'auraient peut-être conduit, d'un saut, dans un de ces fauteuils que je m'étais cru le droit de solliciter. A défaut de sauterelles, j'ai pris, en descendant, deux boutures des magnifiques Agaves qui bordent la route : une pour Longueval (1), et l'autre pour le Haut-Bel-Air (2). N'allez pas croire que nous avons eu la pensée de parodier l'histoire du fameux cèdre de de Jussieu ; il y a aussi loin de ces agaves au cèdre du Liban, du Jardin des Plantes, que de nous à ce savant botaniste.

Je vous ai dit qu'il faisait une chaleur affreuse; laissez-moi vous vanter la boisson que nous avons toujours prise depuis : le *granits*, autrement dit, *orangeade glacée*, que j'ai l'intention de faire prendre à tous ceux de mes malades à qui elle pourrait convenir.

Le nouveau bateau italien qui doit, cette fois, nous conduire à Naples, va partir et je vous dis: Au revoir.

RICORD.

(1) Campagne de Demarquay.
(2) Ma villa.

Quatrième Lettre

—

Mon cher ami,

Nous voilà donc sur un bateau italien, très-ornementé, très-doré. A peine sommes-nous sur le pont, que nous nous trouvons harcelés par des marchands de lorgnettes, comme à l'Opéra; il est vrai que nous aurons beaucoup de belles choses à voir en passant. Si je n'avais emporté avec moi ma lorgnette marine, je me serais laissé séduire; mais ce dont je me suis débarrassé difficilement, c'est d'un marchand de gilets de flanelle. Ces difficultés commerciales ne nous empêchent pas de franchir le détroit de Messine sans la lumière du fameux phare, attendu qu'il faisait jour, et, tranquillisés par les géographes modernes, sans craindre Charybde ou Scylla. Nous avons bien d'autres gouffres, bien d'autres écueils plus dangereux que ceux-là en France.

J'avais failli être asphyxié, dans une cabine du bateau l. *Tage,* par le manque d'air et la chaleur, ce qui m'avait occasionné un petit mal de mer avec résultat, chose extraordinaire pour moi qui ai traversé six fois l'Atlantique, sur un vrai pied marin; mais, comme on doit tout partager avec ses compagnons de voyage, il ne fallait pas rendre Demarquay jaloux, lui qui avait payé son tribut à Thétis. Du reste, il avait pris, après cela, le bon parti de rester sur le pont et d'y dormir. Je voulus l'imiter et coucher à la belle étoile du ciel de l'Italie, ce qui m'a valu la conjonctivite que vous savez et qui ne m'empêchera pas de reconnaître mes amis.

Quoi qu'il en soit, le meilleur conseil à donner aux personnes qui craignent le mal de mer, c'est de ne pas descendre dans les cabines ; vieux précepte, bon encore à rappeler.

Au point du jour, nous allons voir se dérouler à nos yeux le panorama qui annonce et encadre Naples : l'île d'Ischia, thermes sulfureux réputés, que nous recommanderions un peu plus si nous n'en possédions de meilleurs en France. Je ne vous dis pas tout ce que je vois, mais j'arrête mes regards et mes réflexions sur l'île de Caprée ; séjour favori d'Auguste et surtout de Tibère. Je me disais : Si Tibère avait eu un parlement à abriter, il n'aurait pu mieux choisir ce Versailles, à l'abri de tous les coups de mains et même de tous les coups de rames.

Tibère, comme tous les maîtres du jour, devait parfois inviter son médecin à dîner. Je ne suis pas gourmand, je mange peu, vous le savez, puisque j'ai souvent eu le plaisir de dîner avec vous ; mais, ce que je dois confesser au tribunal de Brillat-Savarin, c'est que, comme la plupart de la gent médicale, je suis gourmet ; or, si j'avais été médecin favori de Tibère, et qu'il m'eût fait servir à son festin des murènes, mes cheveux se seraient dressés sur mon estomac, je veux dire sur ma tête, en songeant que ces affreux poissons avaient sans doute été nourris des chairs les plus blanches et les plus appétissantes de favorites qui avaient fait leur temps. Dans tous les cas, j'aurais pris le prétexte qu'on était venu me chercher pour voir un malade, ce que nous faisons souvent, et serais allé me promener sous la Grotte d'azur, que j'aurais mieux vue, ce que je n'ai pu faire aujourd'hui.

Mais voilà Naples, cette vieille coquette, courtisane toujours charmante, ornée de tous ses atours, avec son golfe en face d'elle, comme si elle était placée devant un miroir, dans lequel elle se complaît à admirer ses traits.

En entrant, je demande où est le Vésuve : on me le montre à droite. Tranquille, il est là sans faire le moindre bruit ; on dirait même qu'il sait que Demarquay et moi, qui sommes de la vieille école, nous avons horreur de la fumée : il ne fume pas !

Avant de mettre pied à terre, j'ai à répondre à des voyageurs qui me posent nettement la question : à savoir, ce que j'aime le mieux du Bosphore ou du golfe de Naples? A Constantinople, j'aime mieux le Bosphore, et à Naples, si je n'avais pas vu le Bosphore, j'aimerais mieux son golfe.

Enfin, il faut cependant débarquer. Aussitôt pied à terre, je cherche avec curiosité les costumes classiques et pittoresques qui nous ont fait tant de plaisir dans les charmants tableaux de Léopold Robert et de mon regretté ami Papéty : il n'y a plus rien. Les chemins de fer ne se sont pas contentés de porter les modes de Paris dans tout le monde, mais ils ont encore partout nivelé la démocratie. Les femmes du peuple de Naples sont presque toutes comme celles du faubourg Saint-Antoine. Je croyais au moins me rattraper sur les lazzaroni : je n'ai trouvé que des mariniers du port de Bercy. A la prochaine représentation de la *Muette*, à l'Opéra, j'irai me dédommager.

Nous allons loger dans un hôtel magnifiquement situé rue de Chiaja, charmant le jour : vue sur la mer ; mais la nuit ! Ah ! sapristi ! Au milieu d'un sommeil agité, je me suis cru à Routchouk ; seulement, ici, je dois le dire, je n'avais que des moustiques, qui ont permis à Frédéric d'être éveillé à temps avec un urticaire traumatique (les dermatologues ne m'en voudront pas de cette usurpation chirurgicale).

. Deux jours et demi à passer dans une ville où une saison d'hiver, pour les *hirondelles* de Paris, suffit à peine. Il fallait utiliser le temps. Nous voilà donc en promenade : petites places, grands hôtels ; le Palais-Royal, auquel il manque quelque chose, dont les Napolitains d'un certain monde me font l'effet de s'apercevoir ; la rue de Tolède..... Vous ne croiriez pas que nous sommes allés à Naples, si je ne vous parlais de cette longue scolopendre, dont les nombreuses petites rues transversales ressemblent, par leur mouvement, aux pattes ou crochets de la bête à mille pieds.

Voilà, malgré nous, l'instinct du métier qui nous revient, et nous allons à l'hôpital (trente-cinq ans de services hospitaliers ne s'oublient jamais). C'est le grand hôpital, ancien couvent ; grandes salles, lits nombreux médiocrement espacés. Nos confrères, qui nous ont reçus de la manière la plus cordiale, n'ont pas l'air de se plaindre de l'encombrement. La question des grands et des petits hôpitaux, comme vous le voyez, n'est pas encore jugée pour tout le monde. Je dis ceci sous toutes réserves, comme tout se disait à Paris du temps de *la Défense.* Je n'ai pas osé demander si le mal en question portait, à Naples, le nom de *mal Napolitain* ou celui de *mal Français.* Dans tous les cas, j'étais bien décidé, par politesse, à sacrifier la France qui, après tout, peut bien élever quelques prétentions, et par droit de conquête et par les services incontestables qu'elle a rendus à la spécialité. Toutefois, me souvenant de mon désappointement au sujet des pilules de Frank, à Vienne, je me suis bien gardé de demander si l'onguent napolitain était connu à Naples.

Nous apercevant que nous étions sur le point de revenir à nos moutons, c'est-à-dire de retomber dans la science que je ne vous ai pas promise, nous filons vite au musée. Quel musée ! Quels tableaux ! Quelle sculpture ! Si j'énumérais tout ce que nous avons vu, vous ne voudriez pas me croire. Surtout en fait de sculpture, vous douteriez de ma compétence comme juge, convaincu que vous êtes, peut-être, que j'ai fait, sous ce rapport, mes études dans la salle des Pas-Perdus de notre Académie. Non, j'ai, à cet égard, souvent protesté contre le long cou impossible que l'on a placé sous une trop petite tête d'Amussat, et contre le bout de nez accolé à l'intelligente figure de Trousseau.

Revenons vite au musée et à la Vénus Callipyge, que Demarquay et moi admirons d'un œil pudique. Il faut, en effet, baisser les yeux pour tout voir.

Nous nous dirigeons ensuite tout pensifs vers le musée secret, qui n'excite la curiosité que par son nom. Il y a là un groupe, avec un *seul* personnage, un satyre, qui est un véritable tour de force de la statuaire. Après tout, en sortant, on se dit : Ce n'est que ça! Car, sans nuire à la réputation de Pompeï, d'où vient cette collection, on trouverait plus d'une grande ville, où, sans faire des fouilles aussi profondes, on aurait beaucoup mieux. L'art et les mœurs n'ont pas fait de progrès.

Après notre dîner, nous faisons une promenade charmante au Pausilippe, où l'on trouve les embellissements d'un autre temps. Nous voyons, en passant, les ruines du château de la reine Jeanne, qui pourraient intéresser notre section d'hygiène et le bureau des mœurs; l'endroit où sont conservées, dit-on, les cendres de Virgile, et le lieu d'où partit Pline l'Ancien pour ne plus revenir.

Le lendemain, c'était le tour de Pompeï. Pour y arriver nous traversons les faubourgs, Portici, etc. Ici, des macaronis sur toute la ligne qu'on fait sécher devant les fabriques, et qui paraissent assez propres pour que, avec un peu de fromage, on puisse en manger. Nous faisons un petit déjeuner en face des ruines d'un cirque qui va être le prélude du Colisée de Rome. Ils nous a fallu faire une grande attention pour ne pas manger plus de mouches que du poisson qu'on nous servait. Nous buvons du Lacryma-Christi; nous avons bu du Falerne. J'en demande pardon à Horace, j'aime mieux le Clos-Vougeot. Un jeune chanteur, avec une guitare, de 12 ans (c'est le chanteur qui a 12 ans), a égayé notre repas, en nous chantant une mélodie de Donizetti. C'est la seule musique que nous ayons entendue, le grand théâtre de la Scala étant fermé.

Mais enfin, Pompeï? Pour vous dire quelque chose que vous ne sachiez pas, il faudrait faire de nouvelles fouilles, et, pour cela, il fait véritablement trop chaud. Nous n'en parcourons pas moins ses squelettes de rues, ses dalles usées et creusées par des roues de chars. Petites maisons, en général, qui devaient être bien coquettes, si celle élevée dans l'avenue Montaigne leur ressemblait. De toutes les enseignes qui avaient pu exister, il n'en restait qu'une sur une porte qui, à Paris, aurait eu certainement un grand numéro. Les dames anglaises, en passant par là ont dû souvent s'écrier : *Shoking*; tandis que Grassot, de comique mémoire, se serait contenté de dire : « Chaque peuple a ses usages. »

Maintenant où allons-nous ? Vous le saurez à ma prochaine lettre.

RICORD.

Cinquième Lettre

Mon cher ami,

Les vents et les flots sont changeants, tout comme les voyageurs ; aussi ne vous ai-je pas dit où nous allions, quand nous avons quitté Naples ; parce que, tout d'abord, nous devions aller à Rome ; mais on nous avait fait peur, en nous disant que la *malaria* y régnait avec fureur : des députés en étaient morts ; mais, sujets aux intermittences, je ne sais, avant cela, à quelle *extrémité* leur constitution les avait *placés*. Dans un esprit de conservation, nous avons dû, dans tous les cas, réfléchir et nous abstenir. Des médecins français qui ont peur d'une épidémie ! C'est peut-être la première fois que cela arrive, et, nous n'oserions pas l'avouer, si notre passé ne militait pas un peu en notre faveur. Après tout, mourir pour secourir et sauver, si on peut, ses semblables, c'est bien, c'est un devoir ; mais mourir pour soi tout seul, c'est bête. On a dit, avec raison, que le courage, et les actions d'éclat surtout, avaient besoin de témoins.

C'est dans ces dispositions d'esprit que nous nous sommes dirigés sur Bologne. La première chose à laquelle doivent songer des voyageurs vulgaires, en arrivant dans cette ville, c'est à la *mortadella*. Vous avez trop bonne opinion de notre goût littéraire et artistique, puisque nous sommes des abonnés de l'Union Médicale, pour croire que, notre déjeuner fini, nous n'ayons pas voulu goûter autre chose. C'est ce que nous avons fait en parcourant ces rues en arcades, dans lesquelles on se croirait toujours rue de Rivoli, à Paris, moins grandes toutefois, et tout aussi ennuyeuses, quand il ne pleut pas.

Nous voilà maintenant sur la belle place où se trouve cette espèce de hangar monumental qui renferme une série de chefs-d'œuvre, qui semblent être mis là en vente. Ah! certes, si à la criée on entendait le nom de Jean de Bologne, il faudrait être bien pauvre pour ne pas risquer une centaine de mille francs; mais on ne vend rien, et on n'a pas toujours cent mille francs dans sa ceinture de voyage.

Pour nous consoler de ces privations, nous avons fait un retour sur nous-mêmes, en songeant que la science sévère doit rendre modeste, économe, et nous faire fuir le luxe, si on veut qu'elle puisse nous mener aux plus grands honneurs, à la plus grande fortune et le plus humblement possible. Ces idées nous conduisirent à l'Université. Ici, cependant, le luxe, la splendeur architecturale et ornementale passent tout ce qu'on pourrait rêver. Les péristyles, les escaliers, les plafonds, les salles ont des ornements qui font plaisir à voir. Ce sont les noms de tous ceux, maîtres ou élèves, qui se sont distingués. Si nous étions justes, chez nous, au lieu d'être trop souvent jaloux, nous pourrions faire, dans ce sens, de belles et encourageantes tapisseries.

L'amphithéâtre, en bois sculpté, où Galvani fit ses premières et si émouvantes expériences, est vraiment très-beau. Parmi les statues qui l'ornent se trouve celle du *rhinoplaste* Gaspard Tagliacozzi tenant, avec grâce et élégance, un bout de nez dans sa main gauche. A ce propos, que diriez-vous, mon cher ami, de la rhinoplastie, au point de vue des déceptions politiques et autres? Il y a, certes, beaucoup de gens qui, par un autre procédé que celui du chirurgien que je viens de citer, feraient de plus longs et de plus ridicules nez.

J'ai bien envie de ne vous rien dire du *Campo santo*, champ où s'arrête la puissance et non les regrets du médecin conciencieux, qui craint souvent de n'avoir pas toujours fait tout ce qu'il devait faire. Celui de Pise, est, dit-on, plus beau : chercher le luxe après la mort! C'est égal, j'allais dire que cela fait plaisir à voir, et que, quand on a admiré tout ce que le marbre, l'or et l'argent ont produit d'art plus ou moins sévère, plus ou moins religieux, dans ces tristes demeures, on aurait presque envie de venir s'y reposer. Je dis : s'y reposer, parce que ces saints lieux paraissent n'avoir jamais été profanés par l'athéisme et les révolutions, comme chez nous. On y trouve, ce qui prouve que le peuple italien est parfois reconnaissant, une magnifique statue du roi Joachim Murat, sur le tombeau d'une de ses filles.

Mais Florence ? Nous y sommes logés sur une place, près de l'Arno, à moitié sec qui, malgré cela, m'empêche de dormir par le bruit qu'il fait pour se préparer à sortir de son lit.

Nous avons tant de choses à voir, que je ne sais vraiment pas si j'aurai le temps de vous les dire toutes. Et puis, qui ne connait pas Florence ? sa magnifique cathédrale, où les marbres semblent s'être piqués d'amour-propre pour varier leurs couleurs à l'infini ; le Baptistère, dans lequel je voudrais bien pouvoir faire rebaptiser quelques *innominés*. Ce qui va vous paraître extraordinaire, c'est que j'ai été de l'avis de Michel-Ange, en contemplant la Porte Divine, due à Laurent Ghiberti. C'est vraiment une porte du ciel.

La chapelle des Médicis, où la puissance de Michel-Ange l'emporte sur celle des maîtres de Florence eux-mêmes, qui ont cependant bien mérité de l'art et de la civilisation. Ici, je suis égoïste : je communique à peine mes sensations à Demarquay, qui médite devant les splendides figures qui représentent le Jour et la Nuit, que le grand statuaire semble avoir créés une seconde fois après Dieu.

Le palais Pitti ! où de plus courageux que nous voudraient se taire, de crainte de ne pas être à la hauteur de ses riches collections : les Raphaël, les Corrége, les Titien, les Carrache, et tous ces maîtres enfin qui vous passent devant les yeux, comme des mirages qu'on craint de voir s'évanouir.

On a dit qu'une femme était heureuse d'être aimée d'un poète qui pût chanter ses charmes. La Fornarina a pu jouir, plus que toute autre, de l'amour de Raphaël, car, belle, elle a dû l'immortalité à son divin pinceau : quel portrait! Mais, mon cher ami, laissez-moi revenir, par reconnaissance, à la Vénus de Médicis. Copie ou original, ce chef-d'œuvre, qui dominera toujours le monde, a droit à mes redevances et à toute mon admiration.

C'est avec son souvenir que nous nous acheminons vers Rome, résolus à traverser bravement les Marais-Pontins, mieux armés que du temps de Torti, puisque nous avons le sulfate de quinine, cette conquête pacifique de la France qu'aucune puissance brutale ne pourra nous contester.

Rome, ville éternelle, ville sainte depuis! Je ne sais plus quel nom lui donner aujourd'hui. Sauf contestation, ce sera celui de capitale du monde catholique, qu'elle ne perdra jamais.

Un jour et demi pour voir Rome! Vous conviendrez, mon cher ami, que cela n'est pas trop. On aurait à peine le temps de lire un chapitre de son histoire ancienne; quant à la moderne, je n'en sais trop rien : les historiens ne sont pas d'accord. Qu'importe! Comme tous les touristes, au moins comme un grand nombre, arrivés le soir, nous voulons voir, au clair de lune, le Colysée, ce géant de ruines. Malheureusement la lune nous faisait défaut; ce qui ne nous a pas empêchés d'en voir assez pour en comprendre toute la grandeur. Il y avait même, dans cette vue de nuit, quelque chose de fantastique. Les médecins n'ont pas peur des revenants; toutefois, Demarquay m'engage à ne pas aller trop avant, dans la crainte que, au lieu de rencontrer des ombres, nous ne fissions la rencontre de quelque mauvais vivant.

Les ruines de Rome! Ses arcs de triomphe, sa colonne Antonine, sa colonne Trajane, qui a eu la bonne chance de rester debout, plus heureuse que sa plus jeune et glorieuse sœur de Paris; ses temples démolis! Ce qui m'a frappé, surtout, c'est la petitesse du temple de la Fortune et celle, encore plus exiguë, du temple de Vesta. Si les vraies vestales de la Rome antique, les femmes de temple de mon ami Dumas, avaient dû y loger toutes, ce qui ne se faisait pas, il aurait peut-être été encore trop grand. La Voie Sacrée! A la voir aujourd'hui, on est forcé de reconnaître qu'il n'y a rien de sacré pour..... le temps et le peuple, car on aurait de la peine à s'y promener.

Le Forum! que d'aucuns voudraient avoir chez nous, en plein air, comme à Rome. Le palais des Césars! voyez ce qu'il en reste..... place du Carrousel. Ah! arrêtons-nous là. Je n'aime pas les ruines; cependant, je monte au Capitole, en passant à côté de l'arc de triomphe de Septime Sévère, non par le chemin par lequel montaient les triomphateurs, mais aussi sans qu'on m'ait fait attendre comme eux. Si on rencontrait l'édifice qui représente aujourd'hui le Capitole, place de la Bastille ou sur une autre place des faubourgs de Paris, je vous donne ma parole d'honneur qu'on ne saurait pas ce que c'est. Nous assistons à une distribution de récompenses, de couronnes..... aux élèves, sans doute, des écoles chrétiennes.

Je tenais beaucoup à voir la Roche Tarpéienne; je passais pour cela devant l'ambassade de l'Aigle noir à deux têtes, ce qui m'a fait regretter que nous n'en ayons eu qu'une à lui opposer, et je découvris le redouté précipice, mis à la retraite et sournoisement caché dans un coin, au-dessous de l'espèce de terrasse sur laquelle nous étions, comme s'il attendait là quelqu'un pour reprendre ses fonctions.

Demarquay n'était peut-être pas dans le même ordre d'idées que moi; il me semblait avoir hâte de sortir des souvenirs des grandeurs de Rome l'ancienne, la maîtresse du monde, comme notre France l'a été longtemps, pour revenir à la domination chrétienne : les faux dieux chassés, leurs temples renversés et, de leurs magnifiques décombres, scellés des os et des cendres des martyrs, l'édification des temples nouveaux du seul et vrai Dieu.

Mon cher ami, je ne sais si vous pensez comme moi, je le crois pourtant; mais il me semble que ce que l'on a tenté de faire dans ces der-

niers temps a raffermi certaines défaillances religieuses, et m'a fait voir,
avec un sentiment de douce piété, le glorieux tombeau de Raphaël, à
côté d'un autel, dans l'ancien Panthéon.

Nous voilà en face de Saint-Pierre : sa belle place, son obélisque, ses
deux riches fontaines, et sa majestueuse et gracieuse ceinture de colon-
nades, à laquelle il manque une agrafe; car les maisons, plus que mé-
diocres qui la ferment, sont complétement dénuées d'harmonie.

Je vais vous étonner, et beaucoup avec vous, en vous disant que la
façade de cette merveilleuse basilique ne m'a pas satisfait. J'ai eu la
chance d'être, en cela, de l'avis de mon ami Garnier. J'entre cependant, et je vais me taire, pour m'incliner, me recueillir et admirer. Je
ne sais plus rien vous dire, car, si les idées viennent, les paroles man-
quent pour les exprimer. Prenez des vacances, mon ami, allez-y, et vous
nous raconterez, en revenant, ce que je n'ai pas su vous raconter. Je
sors muet, à peine assez grand pour prendre de l'eau bénite dans un
bénitier gigantesque, que supportent des anges d'une taille presque
aussi élevée que la mienne.

Le Vatican! disgracieusement accolé à Saint-Pierre. On dit que des
architectes aiment ces oppositions, pour faire ressortir les monuments.
Chacun son goût; ce n'est pas le mien. Laissons l'extérieur pour ce
qu'il vaut et pénétrons dans cet autre sanctuaire, que les souverains
pontifes ont tant enrichi.

Parmi les marbres auxquels l'art a donné de si belles et gracieuses
formes, on se croirait, par moment, au milieu de vignes, dont les nombreuses et légères feuilles s'abaissent intelligemment pour cacher ce
qu'on ne doit pas voir. Je parcours ces longues galeries sans fin de
sculptures et de tableaux, lorsque tout à coup je me sens pris d'extase :
symptôme initial d'un état mental, que je recommande aux aliénistes,
et qui est la conséquence d'une admiration trop longtemps soutenue.
Cet état se caractérise par des troubles dans les idées et le jugement,
sans perte de mémoire, sans gêne dans la parole et l'articulation des

mots et par des erreurs de la vue, qui vous font confondre un torse d'Hercule avec celui d'une Vénus ; une toile de Jules Romain avec un tableau de Raphaël, et qui vous laissent indécis sur la question de savoir si le *Jugement Dernier*, un peu usé, de la chapelle Sixtine, est définitif. Cette névrose constitue évidemment une variété de la folie circulaire, avec ses intermittences marquées par une période *de critique* ; ce qui la rend curable.

Quoi qu'il en soit, effrayé de ce qui venait de m'arriver, je me suis soustrait vite à ce milieu sans oser demander à mon compagnon s'il n'avait rien éprouvé de semblable, les affections nerveuses étant quelquefois contagieuses par imitation. Toutefois, je me promis bien de ne pas m'exposer au même danger dans Saint-Jean-de-Latran, dans Sainte-Marie-Majeure, dans Saint-Paul et dans toutes les autres merveilles.

J'éprouvai, cependant, un remords de conscience en voyant le long et rapide escalier qu'avait dû gravir Jésus, et en songeant que j'avais osé me plaindre, en montant cinq étages rue de Rivoli, ce qui fait sept, car quelques maisons ont deux entresols ; je promis bien de faire pénitence, en allant jusqu'aux toits, si quelque jour j'y étais appelé par de pauvres malades.

Maintenant, une promenade sur le Corso, cette rue de Tolède de Rome, ce qui nous permet de constater que les Romains se portent *physiquement* assez bien ; puis un tour à la villa Borghèse et quelques verres d'eau fraîche citronnée, prise dans les buvettes en plein air, et nous voilà revenant sur nos pas. En route pour Turin.

L'amour de l'agriculture tient Demarquay en arrêt, pour me faire admirer les belles plaines et les riches cultures qui s'offrent à nos yeux, et encore ces gracieuses vignes qui festonnent en cerceaux sur des mûriers, et dont j'espère vous donner un échantillon, cet été, à Bel-Air.

Nous voyons le Pô à moitié vidé et presque sec ; mais quelle poussière ! Nous sommes poudrés à blanc, et, si nous étions rentrés comme cela dans Paris, on nous aurait pris pour des émigrés de la Restauration, moins la queue et les indemnités.

Enfin, nos vœux sont exaucés, et une douce pluie, la seule que nous ayons vue depuis notre départ de Paris, va nous permettre d'entrer dans Turin, cette jolie ville *décapitalisée* comme tant d'autres, frais et dispos pour faire un bon souper, profiter du premier bon lit que nous rencontrerons et repartir le lendemain.

Je vais être très-sobre d'indications de chemins, de crainte que quelque distraction, quelque défaut de mémoire, quelque coquille d'imprimerie, rare dans les mains de Nicolas, notre habile metteur en pages, ne me fassent commettre quelque grosse faute que mes bons amis ne me pardonneraient pas.

Nous visons donc le tunnel du mont Cenis, que nous allons traverser, comme une flèche, en vingt-cinq minutes. Si vous y passez, je vous engage à ne pas vous arrêter au milieu, à moins d'y être forcé. Nous en sortons, pourtant, sans être trop suffoqués.

Comme tous les voyageurs qui ont hâte de revenir, il me semble que le train va bien doucement, et que, même, il me fait l'effet d'aller à reculons. Cependant, il nous mène à Aix-les-Bains par une pluie torrentielle, ce qui me permet d'affirmer que c'est une station d'eaux. Notre spirituel et charmant ami, M. le docteur Maximin Legrand, est là, l'été, recevant gracieusement et traitant bien les malades que nous lui envoyons. Vous le savez, il fait sa saison d'hiver aux thermes de l'Union Médicale, où il est chargé d'administrer quelquefois des douches dans ses comptes rendus de l'Académie des sciences.

Mais laissons l'hydrothérapie sulfureuse. Nous sommes en face du lac du Bourget, dont le nom siffle à mes oreilles comme les obus et les balles du siége, et pourtant ce n'est pas notre malheureux village : c'est le lac chanté par Lamartine. Demarquay, qui sait son Lamartine par cœur, comme il sait son anatomie chirurgicale, répète les beaux vers du grand poëte, tandis que moi, je cherche. sur une pierre du rivage, si je ne trouve pas l'empreinte des pieds adorés d'Elvire ; mais la nuit n'avait pas été assez lente, et les aurores, qui se sont succédé depuis, avaient tout dissipé, en ne laissant qu'un harmonieux souvenir.

A Culoz, je me sépare, avec peine, de mon charmant compagnon de voyage, qui va à Genève, je ne sais pourquoi. Moi, je continue ma route sur Paris et, dans un moment d'impatience j'allais crier : « Cocher, fouettez donc les chevaux! » oubliant que j'étais dans un wagon de chemin de fer.

Je n'ai presque pas fait attention au bon premier repas que j'ai fait en France, à Mâcon. J'étais pressé d'arriver et, enfin, j'arrive, le 5 octobre, rue de Tournon, où ma famille m'attendait. Chacun voulut savoir si, dans ce charmant voyage que je venais de faire sur des mers de toutes les couleurs, à travers les monts et les vallées, les cascades, les précipices et les torrents, les villages et les grandes et petites villes, j'avais songé, pour mes vieux jours, à trouver une station d'hiver et une d'été? Un moment de réflexion me suffit pour répondre que, l'hiver, c'était rue de Tournon et, l'été, Bel-Air.

Mais, mon cher ami, n'oublions pas que je devais aller à Meaux. Veuillez donc, je vous prie, par l'intermédiaire de votre journal si répandu, faire savoir à mon vieil ami, M. Geoffroy, maire de cette ville, que le train qui m'a fait passer, en dernier lieu, par Paris, a éprouvé un retard qui va m'empêcher d'aller, aujourd'hui, dans la sous-préfecture de Seine-et-Marne, et qu'il ait la bonté de ne pas m'attendre pour dîner.

Ouf! et cette fois, adieu! RICORD.

Typographie Félix Malteste et Cᵉ, rue des Deux-Portes-Saint-Sauveur, 22.